CARLOS MESTERS
FRANCISCO OROFINO

FORMAÇÃO E ESPIRITUALIDADE DO
MINISTRO EXTRAORDINÁRIO DA EUCARISTIA

EDITORA
SANTUÁRIO

Dados Internacionais de Catalogação na Publicação (CIP) de acordo com ISBD

M586f Mesters, Carlos

Formação e espiritualidade do ministro extraordinário da eucaristia / Carlos Mesters, Francisco Orofino. - Aparecida : Editora Santuário, 2021.
64 p. ; 11cm x 15cm.

Inclui índice.
ISBN: 978-65-5527-133-1

1. Religião. 2. Cristianismo. 3. Formação. 4. Espiritualidade. 5. Ministro extraordinário da eucaristia. I. Orofino, Francisco. II. Título.

2021-3304 CDD 240
CDU 24

Elaborado por Vagner Rodolfo da Silva - CRB-8/9410

Índice para catálogo sistemático:
1. Religião : Cristianismo 240
2. Religião : Cristianismo 24

3ª impressão

Rua Pe. Claro Monteiro, 342 – 12570-045 – Aparecida-SP
Tel.: 12 3104-2000 – Televendas: 0800 - 0 16 00 04
www.editorasantuario.com.br
vendas@editorasantuario.com.br

Sumário

Entrando no assunto

O objetivo deste pequeno livro é o seguinte:

1. Descobrir a riqueza da Eucaristia para nossa vida e saber como esse sacramento foi vivido ao longo dos séculos.
2. Saber como surgiu o Sacramento da Eucaristia no tempo da Bíblia, desde a primeira Páscoa, no Antigo Testamento, até a celebração da primeira Eucaristia, juntamente com Jesus na Última Ceia.
3. Saber como os primeiros cristãos celebravam a Eucaristia em suas comunidades espalhadas pelas cidades da Ásia e da Europa.
4. Apresentar cinco Círculos Bíblicos, cada um acentuando um aspecto importante do sacramento da Eucaristia.

1ª parte

Descobrir a riqueza do Sacramento da Eucaristia

Significado de 10 palavras que usamos para indicar a Eucaristia

Ao longo dos séculos, a Eucaristia foi recebendo muitos nomes. Cada um desses nomes revela uma experiência vivida pelo povo durante a celebração da Eucaristia. Vamos olhar de perto o significado de dez nomes com que costumamos indicar o sacramento da Eucaristia. São nomes comuns, alguns já bem antigos. A maior parte vem da Bíblia. Há outras palavras com que indicamos a Eucaristia. Mas para nosso propósito bastam estas dez palavras. São como dez janelas de tamanhos diferentes, mas todas elas bem abertas para que, olhando por elas, possamos descobrir a riqueza da Eucaristia para nossa vida. Eis a lista dos dez nomes:

1. Missa
2. Comunhão
3. Fração do pão
4. Ceia do Senhor
5. Ceia Pascal
6. Sacrifício Eucarístico
7. Sacramento do altar
8. Mesa comum
9. Ágape
10. Eucaristia

1. Missa

A palavra ***Missa*** vem do tempo em que a Eucaristia era celebrada em latim, de costas para o povo. No final da celebração, o padre virava para o povo e dizia: *"Ite! Missa est!"* Significava: *"Podem ir! Está terminada!"* Literalmente: *"Podem ir! Foi enviada!"* É como se o sacerdote dissesse ao povo: "Acabei de enviar para Deus o Sacrifício que Jesus ofereceu a Deus por nós na Cruz. A Missa está terminada. Podem ir para casa".

Até hoje, a palavra *Missa* é a palavra mais comum para indicar a celebração da Eucaristia. É uma palavra antiga que vem do latim, da palavra *mittere*, que significa *enviar*. A palavra *Missa* indica *aquilo que foi enviado*. Ela acentua a ação do sacerdote. O povo *assistia* à Missa, sem entender a língua usada pelo sacerdote. Pois era tudo em latim.

A palavra *Missa* sugere certa passividade da parte do povo. Enquanto o padre, lá no altar, de costas para o povo, fazia sua parte, o povo na igreja ocupava o tempo com a reza do terço ou com cânticos. Havia três tipos de missa: missa rezada, missa com cânticos e missa cantada com o canto gregoriano.

Assim vivemos nossa fé durante mais de mil anos. De repente, acordamos! Sobretudo depois das duas guerras mundiais do século passado, surgiu um forte desejo de reler tudo a partir da nova situação em que se encontrava a humanidade. Foi o papa São João XXIII que percebeu o momento oportuno. Ele captou os "sinais dos tempos" e, no ano 1959, convocou o Concílio Ecumênico, não para condenar os erros, mas, como ele dizia, para descobrir, com a ajuda do Espírito Santo, os novos caminhos que o Espírito estava abrindo.

Talvez se possa recuperar o sentido original da palavra *Missa* ligando-a com a palavra *Missão*. Missa – Missão (*Missa Grande*). É participando da *Missa* que cresce em nós a consciência de nossa *Missão*.

Nossa *Missão* deve ser alimentada pela celebração da *Missa*.

Eis uma outra sugestão para recuperar o sentido original da palavra *Missa.* Dizendo *"Ite Missa est",* é como se o sacerdote dissesse: *"Podem ir para casa; a Missa terminou. Agora começa a Missão".* E hoje, ele acrescenta: "Ide em Paz! E que o Senhor vos acompanhe!"

2. Comunhão

A palavra ***Comunhão*** é outra muito comum que nós usamos para indicar a Eucaristia. Por exemplo, todos nós conhecemos e já ouvimos estas frases:

– "Eu já fiz a primeira *comunhão*".

– "Hoje, na missa, havia muita gente na *comunhão.*"

– "A ministra levou a *comunhão* para os doentes."

– "Cheguei tarde à missa, cheguei um pouco antes da *comunhão.*"

Também na Bíblia, a palavra ***Comunhão*** (koinonia) aparece com vários sentidos, mas quase sempre ligada com a Eucaristia:

1. Na primeira carta aos Coríntios, Paulo associa a palavra "comunhão" com a Eucaristia quando diz: *"O cálice*

*da bênção que nós abençoamos não é a **comunhão** com o sangue de Cristo? O pão que partimos não é a **comunhão** com o corpo de Cristo? E assim como há um único pão, assim nós, embora muitos, somos um só corpo, pois participamos todos deste único pão"* (1Cor 10,16-17). Na comunhão, nós nos unimos ao corpo e sangue de Jesus.

2. Na carta aos Filipenses, o mesmo Paulo fala da *"comunhão do Espírito"* (Fl 2,1). Ele diz: "Se há um conforto em Cristo, uma consolação no amor, se existe uma **comunhão de espírito**, se existe ternura e compaixão, completem minha alegria: tenham uma só aspiração, um só amor, uma só alma e um só pensamento" (Fl 2,1). Para Paulo, a *comunhão do Espírito* faz com que possamos ter em nós *"os mesmos sentimentos que havia em Jesus Cristo"* (Fl 2,5).

3. Na descrição da vida das primeiras comunidades, a ***comunhão*** é uma das quatro colunas que sustentavam a vida comunitária. Diz o livro dos Atos dos Apóstolos: *"Eles perseveravam na doutrina dos apóstolos, na **comunhão**, na fração do pão e nas orações"* (At 2,42). As quatro colunas são: (1) doutrina dos Apóstolos, (2) comunhão, (3) fração do pão e (4) orações. Nessa frase, Lucas, o autor dos Atos, faz uma distinção entre a *comunhão*, entendida como força que

sustenta a participação na comunidade, e a *fração do pão*, entendida como celebração da Eucaristia. É a comunhão entendida como a fraternidade que nasce de nossa participação na fração do Pão.

Resumindo: a palavra *comunhão* indica o ideal da vida cristã: a fraternidade como amostra do Reino de Deus: todos como irmãos e irmãs, filhos e filhas do mesmo Pai. Essa "comunhão" tem sua origem na celebração da Eucaristia, na "comunhão" com o corpo e o sangue de Jesus (1Cor 10,16-17). É por isso que a palavra "comunhão" começou a ser usada para indicar a Eucaristia, na qual Jesus, durante a Última Ceia, revelou-nos o amor de Deus como Pai e nos "amou até o fim" (Jo 13,1).

No Novo Testamento, essa dimensão da *comunhão* é fundamental na vivência das comunidades, é uma das quatro colunas (At 2,42). O objetivo da celebração da Eucaristia é fazer com que cheguemos todos a uma vivência cada vez mais perfeita da fraternidade, da "comunhão" entre nós. Por isso quando uma pessoa se levanta para receber o pão consagrado está dizendo duas coisas com esse gesto: eu quero entrar em comunhão com Jesus comendo o pão consagrado e quero estar em comunhão com todas as pessoas que estão aqui, celebrando comigo.

Os cânticos que surgiram no Brasil nestes últimos anos mostram que cresce entre nós essa nova consciência que recupera o sentido da *comunhão* tal como foi sugerido por Paulo em sua carta. Diz a letra de um canto: *"Receber a comunhão com este povo sofrido é fazer a aliança com a causa do oprimido".* Esse é apenas um exemplo. Basta você abrir o livro de canto de sua comunidade e olhar de perto a letra dos cânticos para a hora da comunhão.

3. Fração do pão

A expressão "fração do pão" é pouco comum entre nós para designar a Eucaristia. Originalmente, desde antes do Novo Testamento, a expressão "fração do pão" indicava o gesto de partilha do pai de família que, nas refeições diárias, quebrava o pão e o distribuía entre os familiares ao redor da mesa. É bom lembrar que, naquela época, o pão era muito semelhante aos nossos biscoitos "água e sal". Durante os três anos em que os discípulos conviveram com Jesus, a expressão "fração do pão" evocava as muitas vezes que Jesus, como mestre e coordenador do grupo, quebrava e distribuía o pão nas refeições diárias. Assim se entende como, na estrada de Emaús, os dois discípulos puderam reconhecer Jesus na "fração do pão" (Lc 24,35).

Depois da morte e ressurreição de Jesus, a expressão "fração do pão" começou a ser usada para designar aquela vez que Jesus, durante a Última Ceia, partiu o pão com os discípulos dizendo: "Isto é o meu corpo entregue por vocês. Fazei isto em memória de mim" (Lc 22,19). Obedientes a essa ordem de Jesus, os primeiros cristãos começaram a "partir o pão nas casas" (At 2,46). Essa partilha do pão demonstrava que a vida em comunidade é uma vida partilhada. Inclusive dos bens. Partilhamos na comunhão o que é oferecido. Até hoje só existe Consagração se houver oferta concreta de dons no Ofertório.

Várias vezes o livro dos Atos dos Apóstolos menciona e apresenta como ideal da vida em comunidade a partilha que havia entre os primeiros cristãos: "Todos os que abraçaram a fé eram unidos e colocavam em comum todas as coisas; vendiam suas propriedades e seus bens e repartiam o dinheiro entre todos, conforme a necessidade de cada um" (At 2,44-45). "A multidão dos fiéis era um só coração e uma só alma. Ninguém considerava propriedade particular as coisas que possuía, mas tudo era posto em comum entre eles" (At 4,32). "Entre eles ninguém passava necessidade, pois aqueles que possuíam terras ou casas as vendiam, traziam o dinheiro e o colocavam aos pés dos apóstolos; depois, ele era distribuído a cada um conforme sua necessidade" (At 4,34-35).

Como já dissemos, a fração do pão como sinônimo da Eucaristia tornou-se uma das quatro colunas que sustentavam a comunidade: *"Eles eram perseverantes no ensinamento dos apóstolos, na comunhão fraterna,* ***na fração do pão*** *e nas orações"* (At 2,42). O gesto de romper o pão evocava a entrega total de Jesus. Rompendo e distribuindo o pão ele não reteve nada para si. Doou-se inteiramente! A experiência da entrega que os cristãos buscavam viver na celebração da fração do pão está bem expressa nesta frase de São Paulo: "Ele me amou e se entregou por mim" (Gl 2,20). E nesta outra: "Sendo rico, se fez pobre, para nos enriquecer com sua pobreza" (2Cor 8,9). A "fração do pão" é a fonte para a comunidade manter-se no caminho em direção ao ideal, que é a partilha e a comunhão.

4. Ceia do Senhor

A expressão "Ceia do Senhor" evoca, em primeiro lugar, as muitas ceias que Jesus realizou com seus discípulos ao longo daqueles três anos andando com eles pela Galileia e anunciando a Boa-Nova do Reino. Nessas refeições, Jesus tomava o pão em suas mãos, dava graças ao Pai, quebrava o pão e o repartia entre as pessoas (Mc 6,41; 8,6; Jo 6,11; 21,13). Jesus deve ter tido um jeito todo especial para fazer esse gesto diário, a ponto de os discípulos de Emaús, depois da ressurreição de Jesus, reconhecerem Jesus na maneira de ele romper o pão (cf. Lc 24,35).

A expressão "Ceia do Senhor" evoca sobretudo a Última Ceia de Jesus com os discípulos, antes de sofrer. Ele mesmo tinha dito: *"Ardentemente desejei comer esta ceia pascal com vocês, antes de sofrer"* (Lc 22,15). A ceia é chamada "Ceia *do* ***Senhor***", porque o próprio *Senhor* Jesus pediu para fazê-la em sua memória: "Fazei isto em *memória* de mim!" (1Cor 11,24).

Os antigos Padres da Igreja comentavam esse texto dizendo que se tratava da *"memória perigosa de Jesus"*. É memória *perigosa* porque ela faz lembrar e traz presente o gesto de entrega total que Jesus fez de si mesmo na Última Ceia em favor dos irmãos. Esse gesto de Jesus coloca em *perigo* a vida cômoda do cristão que vive fechado em seu próprio egoísmo. A celebração da Eucaristia nos coloca em contato direto com esse gesto de doação de Jesus, para que ele se torne nosso gesto, encarnado em nossa vida.

A expressão "Ceia do Senhor" vem de uma carta de São Paulo aos coríntios, na qual ele critica a maneira errada com que alguns da comunidade de Corinto celebravam a "Ceia do Senhor" (1Cor 11,20). Naquela comunidade, havia gente que pensava só em si mesmo e não nos outros. Paulo diz: *"Quando vocês se reúnem, o que fazem já não é comer a Ceia do Senhor, porque cada um se apressa em comer sua própria ceia. E enquanto um passa fome, o outro fica embriagado"* (1Cor 11,20-21). O que Paulo diria se pudesse presenciar nossas celebrações da Ceia do Senhor?

5. Ceia Pascal

A expressão Ceia Pascal vem de Páscoa. A palavra *Páscoa* significa *passagem*. Ela indicava a festa principal dos judeus, na qual eles recordavam e celebravam a *passagem* da escravidão no Egito para a liberdade na Terra Prometida. Hoje em dia, entre nós, a palavra *Páscoa* não é muito usada para indicar a Eucaristia, mas no Novo Testamento ela aparece várias vezes para indicar que a Última Ceia de Jesus foi, na verdade, a Ceia Pascal judaica. Os discípulos até perguntaram a Jesus: "Onde é que o senhor quer que preparemos a *Páscoa*?" E eles foram e prepararam tudo conforme Jesus tinha indicado (Mt 26,17.19). Isso significa que a instituição da Eucaristia se fez dentro da celebração anual da Ceia Pascal.

Por isso, para podermos captar bem todo o sentido da Eucaristia, é muito importante não esquecer esse pano de fundo da celebração da Páscoa, cujo ritual está descrito no livro do Êxodo (Ex 12,1-51). Era uma celebração cheia de símbolos: ervas amargas, pão ázimo, cordeiro imolado. As *ervas amargas* lembravam as amarguras da escravidão no Egito, da qual eles foram libertados pelo poder de Deus. O *pão ázimo* evocava a rapidez da ação de Deus naquela noite de Páscoa; tão rápido que não deu o tempo suficiente para o pão levedar. O *cordeiro imolado* evocava o cordeiro pascal, cujo sangue foi passado nas portas das casas dos hebreus como sinal de libertação (Ex 12,7.13). Por isso os primeiros cristãos viam no cordeiro pascal uma imagem de Jesus e diziam: *"Nossa Páscoa, Cristo, foi imolado"*

(1Cor 5,7). E Pedro escreve em sua carta: *"Vocês foram resgatados pelo precioso sangue de Cristo, como o de um cordeiro sem defeito e sem mancha"* (1Pd 1,19). Por meio da celebração da Páscoa, os participantes entravam em contato com aquela mesma experiência libertadora do Êxodo que, no passado, deu origem ao povo. E até hoje, durante a Missa, na hora da Comunhão, o sacerdote levanta a hóstia e diz: *"Eis o Cordeiro de Deus que tira o pecado do mundo!"* Todos sabemos que o Cordeiro de Deus é Jesus, ele mesmo!

Assim, a celebração da Páscoa ajudava o povo a aprofundar sua identidade como Povo de Deus e sua missão como mensageiros da Boa-Nova do Reino. Por meio da celebração da Eucaristia, colocamos presente no meio de nós o mistério da morte e ressurreição de Jesus que deu origem ao novo povo de Deus. Ela é a fonte permanente de nossa identidade como cristãos. Tanto eles, os judeus, como nós, os cristãos, procuramos viver em estado permanente de Êxodo. Uma grande riqueza litúrgica, criada pelas primeiras comunidades, foi o fato de elas terem transformado a Ceia Pascal judaica na Celebração da Ceia do Senhor. A Ceia Pascal Judaica era celebrada uma vez por ano. A Celebração da Ceia do Senhor passou a feita semanalmente, no primeiro dia da semana (At 20,7).

6. Sacrifício Eucarístico

A palavra "Sacrifício" é muito usada para designar a Eucaristia. Em nossa linguagem comum, quando algo é difícil, dizemos: "Vamos fazer um sacrifício!" *Sacrifício* é algo que nos custa, mas que vale a pena fazer, pois traz algum benefício. Os atletas fazem muitos sacrifícios para poder vencer nos jogos.

A palavra "sacrifício" vem do latim. Significa *fazer com que algo se torne sagrado* (*sacri* = sagrado e *fício* = fazer); é fazer com que algo fique totalmente consagrado a Deus. E aquilo que é *consagrado a Deus* já não pode ser usado para finalidades *profanas*. Por exemplo, o cálice, que se usa na Missa, é *consagrado.* Por isso já não pode ser usado para outras finalidades.

Jesus consagrou-se a Deus. Fez de sua vida um *sacrifício*. Deixou que Deus Pai tomasse conta de sua vida. Aceitando Deus como Pai de todos, Jesus foi acolhendo todos como irmãos e irmãs, sobretudo os pobres e os excluídos. Por isso incomodou o sistema religioso da época e foi perseguido. Mas ele não voltou atrás. Continuou fiel a sua "consagração" e criticava aqueles que usavam o nome de Deus para excluir as pessoas. A expressão máxima de sua "consagração" foi na hora de ser crucificado, quando rezou: *"Pai, perdoa, porque eles não sabem o que estão fazendo"* (Lc 23,34). Não condenou seu próprio carrasco que o estava matando na cruz, mas o amou e acreditou em sua recuperação. Fez o que ele mesmo havia ensinado: "Amai os vossos inimigos" (Mt 5,44). Revelou o amor de Deus! É esse o *sacrifício* que colocamos presente na Eucaristia, para que nele participemos, e que ele se torne também nosso sacrifício. Uma vez por todas Jesus foi obediente ao Pai até a morte, e morte de cruz (Fl 2,8).

A origem dessa noção de sacrifício vem de Isaías 52,13 a 53,12, em que se descreve a Paixão, a Morte e a Vitória final do Servo de Yahweh[1] que se sacrificou pelos outros. Eis o texto tão bonito do profeta Isaías que foi a fonte de inspiração para Jesus:

---

[1] Nota do Editor: os estudiosos da Bíblia costumam usar o termo Yahweh como correspondente mais provável à pronúncia antiga usada para representar o Nome Sagrado. Os autores deste livro fizeram essa opção em diversas ocasiões ao longo desta obra.

“2 O Servo cresceu diante de Deus como uma destas plantas secas lá do sertão.

Não tinha graça nem beleza para a gente olhar para ele.

Não era atraente para a gente poder gostar dele.
3 Era desprezado, ninguém gostava de tratar com ele.
Homem das dores, acostumado a sofrer.
A gente desviava o rosto para não vê-lo,
deixava-o de lado e não fazia caso dele.
4 Mas eram nossas as dores que ele carregava,
nossos os sofrimentos que ele suportava!
E nós o considerávamos como um leproso,
ferido por Deus, humilhado por Ele.
5 Na realidade, ele estava sendo castigado
por nossos crimes, e esmagado por nossas faltas.
O castigo que nos traz a paz caiu sobre ele,
e nas suas chagas encontramos nossa cura.
6 Todos nós andávamos desgarrados como ovelhas,
cada qual seguindo o seu caminho,
e o Senhor carregou sobre ele os crimes de todos nós.
7 Maltratado, ele resignou-se, não abriu a boca.
Como um cordeiro que se deixa levar ao matadouro,
como uma ovelha de que se corta a lã,
ele ficava mudo e não abria a boca.

[8]Sem defesa e sem julgamento, foi levado embora.
Não havia ninguém para defendê-lo.
Sim, ele foi arrancado do mundo dos vivos,
foi ferido por causa dos crimes do seu povo.
[9]Foi enterrado junto com os criminosos,
recebeu sepultura entre os malfeitores,
ele que nunca cometeu crime algum
e que nunca disse uma só mentira!

E, no fim, ele encerra o lamento com esta prece tão bonita:

[10]Oh! Senhor, que o teu Servo,
quebrado pelo sofrimento,
possa agradar-te!
Aceita a sua vida como sacrifício de expiação!
Que ele possa ver os seus descendentes,
ter longa vida, e que o Teu Projeto se realize por meio dele!"

7. Sacramento do altar

A expressão "Sacramento do Altar" é uma outra maneira para afirmar que a Eucaristia é um "sacrifício". A palavra *altar* indica uma "estrutura mais elevada, destinada a sacrifícios ou imolações". Na Última

Ceia de Jesus com os discípulos não havia altar. Havia a mesa. O altar de Jesus é a Cruz, na qual ofereceu, uma vez por todas, o sacrifício de sua própria vida. Hoje, quando celebramos a Eucaristia, usamos uma *mesa* e a chamamos de *altar:* a "mesa do altar". Antigamente, era proibido celebrar a Eucaristia sem "pedra d'ara", sobre a qual deviam ser colocados o cálice com vinho e a patena com a hóstia. Dentro da pedra d'ara havia as relíquias de alguns mártires. Era para lembrar e ensinar que, na Eucaristia, se oferece a Deus o sacrifício da morte de Jesus, o Mártir Fiel (Ap 1,5), a partir do qual todos os outros mártires tiram a força para realizar, como Jesus, sua consagração, seu sacrifício, seu martírio, seu testemunho.

8. Mesa comum e banquete de festa

As expressões "Mesa Comum" e "Banquete da vida" são uma outra maneira, não tão frequente, para indicar a Eucaristia. Elas vêm da parábola de Jesus, na qual o dono da festa chama os que foram convidados: "Venham! Tudo está pronto!" (Lc 14,17). Mas os convidados não quiseram vir. Então o dono da festa disse: *"Saia depressa pelas praças e ruas da cidade. Traga para cá os pobres, os aleijados, os cegos e os mancos"* (Lc 14,21). Eles foram, e disseram: "Senhor, o que mandaste fazer foi feito, e ainda há lugar" (Lc 14,22). O patrão, então, disse: *"Saia pelas estradas e caminhos e faça as pessoas virem aqui, para que a casa fique cheia, pois eu digo a vocês: nenhum daqueles que foram convidados vai provar de meu banquete"* (Lc 14,23-24). Nessa parábola, todos são convidados, todos! Convidados são até aqueles que costumam ser excluídos: coxos, cegos, surdos, mudos. Para todos tem lugar. Os outros, aqueles que tinham sido convidados e não vieram, estes se excluíram a si mesmos, porque não estavam interessados.

Nessas duas expressões, o acento não cai no "altar" ou no "sacrifício", mas sim na "partilha" e na "fraternidade". A expressão *banquete* indica a dimensão de festa familiar. No tempo de Jesus, a *Mesa Comum* ou a *Comunhão de Mesa* era um sinal de pertença à família, à comunidade. Sentar com alguém a mesma mesa era expressão de muita amizade e intimidade. Era um gesto comunitário. Quando Jesus manda seus discípulos em missão, ele pede que comam o que o povo coloca à mesa (Lc 10,8), ou seja, que entrem em comunhão com o povo. Era essa comunhão ou partilha fraterna que caracterizava a vida das primeiras comunidades cristãs. Cantamos até hoje: "Os cristãos tinham tudo em comum e não havia necessitados entre eles" (At 4,32). Essa característica da vida em comunidade, que aparece entre os primeiros cristãos, era fruto da vivência da Eucaristia. Na maneira de descrever como Jesus multiplicava o pão para o povo faminto (Mc 6,41; Jo 6,11), os evangelistas sugerem que a multiplicação dos pães era uma prefiguração do sentido da Eucaristia para a vida. Se no Brasil houvesse partilha ou mesa comum não haveria fome nem miséria. Isso significa que, por ora, a Eucaristia não está sendo bem vivida. Falta muito até chegar à Fome-Zero.

9. Ágape

Ágape é uma palavra grega que significa amor. Ela acentua sobretudo a gratuidade do amor. Com essa palavra os primeiros cristãos designavam as reuniões que eles faziam na noite de sábado para domingo. Cada um trazia uns comes e bebes, dos quais uma parte era separada para a celebração da *Ceia do Senhor*. Na comunidade de Corinto entraram alguns abusos e Paulo chamou a atenção do pessoal (1Cor 11,17-22). Naquela comunidade, a Ceia do Senhor, em vez de ser uma expressão do amor mútuo, tornou-se ocasião de disputa, de divisão e de separação. Para saber qual o ideal de amor que a celebração da Eucaristia quer realizar em nós, vale a pena meditar a poesia que era cantada naquela comunidade e que Paulo transcreveu em sua carta (1Cor 13,1-13). Eis um breve trecho desta poesia:

> O amor é paciente
> o amor é prestativo
> não é invejoso
> não se ostenta
> não se incha de orgulho
> não faz nada de inconveniente
> não procura seu próprio interesse
> não se irrita
> não guarda rancor
> não se alegra com a injustiça
> mas se regozija com a verdade
> tudo desculpa
> tudo crê
> tudo espera
> tudo suporta
> o amor jamais passará" (1Cor 13,4-8).

10. Eucaristia

Deixamos para o fim esta palavra que estamos usando desde o começo.

A palavra "Eucaristia" vem do grego e significa "**ação de graças**". Literalmente: "boa graça" (***eu*** = boa e ***caris*** = graça). A bíblia diz que Jesus, na Última Ceia, ao tomar o pão em suas mãos, "deu graças", "agradeceu" (Lc 22,17). Era um gesto normal antes das refeições. Até hoje nós fazemos o mesmo. Antes de comer, rezamos e agradecemos a Deus a comida.

A palavra "Eucaristia" como *"ação de graças"* é uma palavra genérica. Serve para todas as coisas pelas quais damos graças a Deus. Há muitos salmos que expressam nossa gratidão e celebram a gratuidade do amor de Deus que se manifesta na natureza e na história: *"Bendiga ao Senhor, ó minha alma, e não esqueça nenhum de seus benefícios"* (Sl 103,2).

Um exemplo bonito é o Salmo 136(135). Em forma de ladainha, esse salmo vai dando 26 motivos para dar graças a Deus, e pede para o povo repetir, vinte e seis vezes, o mesmo refrão. Diz o primeiro versículo: *"Celebrem a YAHWEH, porque ele é bom, **porque para sempre é seu amor!*** (Sl 136,1). Em seguida, o salmo vai enumerando os 26 motivos, e o povo responde 26 vezes: *porque para sempre é seu amor!*

Inicialmente, desde o tempo da Bíblia até o fim do primeiro século, a palavra *Eucaristia* era usada para indicar qualquer ação de graças, mas já no começo do segundo século a palavra Eucaristia tornou-se o nome mais comum para indicar esse sacramento central de nossa fé. De fato, o maior motivo que temos para agradecer a Deus é a Eucaristia, onde a "boa graça" de Deus, a "gratuidade do amor divino", manifesta-se ao máximo e onde ela é experimentada de maneira mais intensa por todos nós. Na Eucaristia, estamos reunidos para juntos agradecer a Deus e louvá-lo pelas maravilhas que realizou, sobretudo pela maravilha do amor de Deus que nela se revela.

Concluindo e Resumindo esta primeira parte

Quando uma pessoa recebe muitos nomes é sinal de que ela é muito querida e amada pelo povo. Esses dez nomes da Eucaristia são um sinal de que o sacramento da Eucaristia era de muito valor para os que por meio dela alimentavam sua fé. Parecem dez galhos nascidos de uma única raiz, dez córregos vindos da mesma fonte: a nova experiência de Deus, que Jesus nos trouxe e cuja água jorra na Eucaristia.

Sim, muita coisa mudou nos últimos anos na celebração da Eucaristia, e mudou para melhor! Graças a Deus! Agora, na 2ª parte, veremos como todos esses aspectos tão importantes da Eucaristia transparecem com clareza nos quatro Evangelhos e nas cartas do Apóstolo Paulo quando eles falam da Eucaristia.

2ª parte

Como nasceu o Sacramento da Eucaristia no tempo da Bíblia

É bom lembrar que a primeira celebração da Eucaristia aconteceu durante a Ceia Pascal. Os discípulos até perguntaram a Jesus: *"Onde queres que façamos os preparativos para comermos a Páscoa?"* (Mt 26,17; cf. Mc 14,12; Lc 22,8). Como é que naquele tempo se fazia a celebração da Páscoa?

1. Celebrar a Páscoa: lembrando a libertação da escravidão do Egito

O livro do Êxodo descreve a primeira Páscoa que aconteceu quando o povo foi libertado da escravidão do Egito, em torno de 1250 antes de Cristo. É uma longa descrição que vai desde a última praga contra o faraó até a saída do povo do Egito e a ordem de Deus de nunca esquecer a libertação do Egito (Ex 11,1 a 13,14-16).

A narração começa com o último encontro de Moisés com o faraó. Ele avisa que Deus vai libertar o povo provocando a morte dos filhos primogênitos dos Egípcios (Ex 11,1-10).

Em seguida, vem a longa descrição da primeira ***páscoa*** (Ex 12,1-50). A palavra *páscoa* significa *passagem*: a passagem da escravidão para a liberdade. A descrição dessa primeira páscoa, mais que descrição de um fato histórico, é muito mais o relato do ritual de como devia ser feita a celebração da páscoa, cada ano de novo, desde sua mais remota origem. O ritual prescreve o seguinte:

Cada família deve tomar um cordeiro macho de um ano, sem defeito. Se a família for pequena, ela deve juntar-se com outra família, pois todo o cordeiro deve ser consumido. Não pode sobrar nada para o dia seguinte (Ex 12,1-10). No crepúsculo do décimo dia do mês de Abib, que era o primeiro mês da primavera (março-abril), o cordeiro devia ser imolado. Eles deviam tomar uma parte do sangue do cordeiro e passá-lo nos batentes da porta da casa (Ex 12,7). Naquela noite deviam comer a carne assada do cordeiro, com ervas amargas e pão ázimo. Deviam comer em pé, prontos para poder partir na hora em que Deus fizesse acontecer a décima praga. Não podia sobrar nada até o dia seguinte. O que sobrava devia ser queimado. Eis o que diz o texto: [11]*"É assim que devereis comê-lo: com os rins cingidos, sandálias nos pés e bastão na mão, comê-lo-eis às pressas: é uma páscoa para YAHWEH.*[12] *E naquela noite eu passarei pela terra do Egito e ferirei na terra do Egito todos os primogênitos, desde os homens até os animais; e eu, YAHWEH, farei justiça sobre todos os deuses do Egito.* [13]*O sangue, porém, será para vós um sinal nas casas em que estiverdes: quando eu vir o sangue, passarei adiante e não haverá entre vós o flagelo destruidor, quando eu ferir a terra do Egito.* [14]*Este dia será para vós um memorial, e o celebrareis como uma festa para YAHWEH; em vossas gerações a festejareis; é um decreto perpétuo" (Ex 12,11-14).*

E o texto continua dizendo que, à meia-noite, o anjo passou e morreram todos os primogênitos do Egito, tanto dos homens como dos animais. Foi um clamor geral. O próprio faraó levantou e foi pedir a Moisés para sair imediatamente do país. Eles levantaram e saíram. É por isso que o pão era ázimo. Não deu tempo de levedar. Era por isso que o cordeiro era mal assado. Não deu tempo de assar direito. Deus foi mais rápido! Por isso comeram em pé, prontos para partir a qualquer momento.

A Bíblia diz: *"Os filhos de Israel partiram de Ramsés em direção a Sucot, cerca de seiscentos mil homens a pé, somente os homens, sem contar sua família"* (Ex 12,37). Aqui se trata de um exagero. Incluindo mulheres e crianças seriam no mínimo três milhões. Tantas pessoas nem caberiam naquele lugar. É para dizer nestes seiscentos mil estavam incluídas todas as gerações, para que sempre lembrassem e nunca esquecessem sua origem e sua missão como Povo de Deus, que existe graças à ação libertadora de YAHWEH, o Deus do povo. Ainda falando a respeito da maneira de como preparar o cordeiro: "Nenhum osso pode ser quebrado" (Ex 12,46).

No fim, a descrição da primeira páscoa termina com estas palavras: [14]*"E quando amanhã teu filho te perguntar: 'Que é isso?', responder-lhe-ás: 'YAHWEH tirou-nos do Egito, da casa da escravidão, com mão forte.* [15]*Pois tendo-se obstinado Faraó e não querendo deixar-nos partir, YAHWEH matou todos os primogênitos na terra do Egito, desde o primogênito do homem até o primogênito dos animais. É por isso que sacrifico a YAHWEH todo macho que sai por primeiro do útero materno e resgato todo primogênito de meus filhos'.* [16]*Isto será, pois, como um sinal na tua mão e como um frontal entre os teus olhos, porque YAHWEH nos tirou do Egito com mão forte".*

Como já dissemos, essa descrição da primeira páscoa, mais do que a descrição exata de como foi a primeira páscoa, é mais uma descrição de como eles deviam celebrar a páscoa. O que transparece com força é a consciência do povo: nós existimos, porque Deus nos libertou da escravidão do Egito, e a eterna gratidão com que deve ser celebrada a Páscoa, para que o povo nunca esqueça a bondade do Senhor.

2. A Celebração da primeira Eucaristia com Jesus na Última Ceia

O livro chamado *Pesach* da tradição judaica descreve o rito com que, no tempo de Jesus, era celebrada a festa anual da Páscoa. A celebração era concentrada em Jerusalém, para onde confluíam os peregrinos. Os cordeiros eram sacrificados no templo pelos levitas. Em seguida, cada família levava seu cordeiro para casa e o preparava para a ceia pascal, fazendo festa noite adentro. Era uma celebração familiar, presidida pelo pai e pela mãe de família.

O que chama a atenção é a riqueza dos símbolos e dos gestos que caracterizavam a celebração da Páscoa: ervas amargas, cordeiro mal assado, pão sem fermento.

O filho mais jovem tinha de fazer a pergunta a respeito do significado desses símbolos: "Pai, por que esta noite é diferente das outras noites? Por que comemos ervas amargas? Por que o pão é sem fermento? Por que a carne é mal assada?" E o pai respondia, contando a história da libertação do Egito. Desse modo, os símbolos ajudavam os participantes a entender melhor o significado da Páscoa, a aprofundar sua identidade como povo de Deus e a saborear a imensa bondade de Deus que os salvou e libertou da escravidão.

Era uma celebração festiva. Jesus mandou arrumar com almofadas uma sala no primeiro andar de uma casa em Jerusalém (Mc 14,15). Ele sabia que era o último encontro com seus amigos. Os capítulos 13 a 16 do Evangelho de João, mesmo sendo a expressão de uma catequese posterior, dão ainda uma ideia do ambiente familiar e cordial daquela última celebração da Páscoa de Jesus com seus discípulos. É bonita a introdução com que João começa a descrição da Última Ceia: "*Sabendo que chegou a hora de passar (páscoa) deste mundo para o Pai e tendo amado os seus que estavam no mundo, deu-lhes a extrema prova de seu amor*" (Jo 13,1).

Jesus segue o rito prescrito no livro *Pesach*, mas

nessa celebração aconteceu algo diferente. No ritual do *Pesach*, havia vários momentos de se repartir um pedaço de pão e de se passar um cálice com vinho de mão em mão para todos tomarem um gole. Em um desses momentos, Jesus, mudou o rito. Em vez de dizer as palavras do rito: *"Este é o pão da miséria que nossos pais comeram no deserto"*, ele disse: *"Isto é o meu corpo que será entregue por vos!"* (Lc 22,19) E depois de terem comido o cordeiro pascal, Jesus passa o cálice com vinho e evocando as profecias diz: *"Este é o cálice da nova e eterna aliança em meu sangue que será derramado por vós e por todos para o perdão dos pecados. Fazei isto em memória de mim!"* (1Cor 11,25).

Nesses dois gestos, um antes e outro depois de comer o cordeiro pascal, Jesus se identifica com o pão e o vinho distribuídos entre os discípulos: "Isto é o meu corpo!" e "Este cálice é o meu sangue!" Nessas palavras, Jesus expressa a experiência mais profunda de seu amor ao Pai e ao Povo. É a entrega total de si! É o Corpo e o Sangue de Jesus fazendo a passagem através da morte para a vida. Tudo está resumido naquela frase de Jesus, conservada no Evangelho de João: "O mundo saberá que amo o Pai e que faço tudo que o Pai me ordenou. Por isso levantem! Vamos embora daqui!" (Jo 14,31). Dentro da sala, Jesus entregava sua vida. Na mesma hora, lá fora, os inimigos de Jesus, ajudados por Judas, estavam decidindo a hora da prisão e da morte de Jesus na Cruz. Na sala, todos se levantaram e, com Jesus, foram para o Horto das Oliveiras, onde Jesus foi traído e preso. Começou a paixão que terminou na morte e na ressurreição. Saíram da Mesa da fraternidade para a Cruz, o altar do sacrifício.

O evangelho de João acrescenta mais três capítulos: nos quais se acentuam a parábola da videira (Jo 15,1-11), a promessa do dom do Espírito (Jo 15,26-27; 16,7-15) e oração sacerdotal, ou o Testamento de Jesus (Jo 17,1-26).

3ª parte

A celebração da Eucaristia entre os primeiros cristãos

1. As quatro narrações da Instituição da Eucaristia no NT

A instituição da Eucaristia é descrita quatro vezes no Novo Testamento: em Mateus (Mt 26,26-29), em Marcos (Mc 14,22-25), em Lucas (Lc 22,14-20) e na carta de Paulo aos Coríntios (1Cor 11,23-26). Os quatro têm em comum os seguintes elementos que mostram a importância da Eucaristia para nossa vida.

1) A Eucaristia é a conclusão da ***nova aliança***, é o novo êxodo. É a nova aliança de Deus conosco, realizada por meio da doação que Jesus fez de si mesmo. Mostram qual nossa obrigação no cumprimento da aliança e qual a esperança de libertação que ela suscita: **Aliança**: Mt 26,28; Mc 14,24; Lc 22,20; 1Cor 11,25.

2) Jesus é o **Servo** de Deus que se entrega pelos outros. Devemos entender o sacrifício não na linha dos pagãos que oferecem sacrifícios para acalmar a ira dos deuses, mas sim na linha do Servo de Deus, descrito pelo profeta Isaías. **Servo**: Is 42,1-9; 49,4-9; 50,4-9; 52,1-2; Mc 10,45; Lc 22,27.

3) Na Eucaristia, atualiza-se a **memória** de Jesus que morre e ressuscita. No centro de tudo está a memória de Jesus que morre e ressuscita. **Memória**: Lc 22,19; 1Cor 11,24,25.

4) Fonte de **Fraternidade**: Lc 22,24-27; 1Cor 11,20-22; 1Cor 11,33-34.

5) O Evangelho de João dá a melhor definição. A Eucaristia é a fonte de nossa identificação com Jesus que revelou na eucaristia seu **amor** por nós. A participação na Eucaristia gera em nós a identidade que devemos ter como cristãos, seguidores de Jesus. **Amor**: Jo 13,1; 1Cor 11-26.

2. As características de cada narração

***Os evangelhos sinóticos: Mateus, Marcos e Lucas**

Mateus e Marcos acentuam o contraste. Antes da instituição da Eucaristia, eles falam da traição de Judas (Mc 14,17-20) e logo depois da negação de Pedro e da dispersão de todos (Mc 14,26-31). Entre os dois, em um contraste total, está a descrição da Eucaristia (Mc 14,26-31) e a promessa de Jesus: “Depois que eu ressurgir, vos precederei na Galileia” (Mc 14,28). Essa maneira de descrever a Eucaristia realça o contraste entre o amor de Jesus e a fraqueza dos discípulos. É como se Jesus dissesse: “Vocês podem até romper comigo, mas eu nunca vou romper com vocês!” O amor de Jesus é maior que nosso pecado e nossa infidelidade.

*O Evangelho de João

João não traz a instituição da Eucaristia na Última Ceia, mas traz quatro aspectos muito importantes:

(1) Ele traz um longo discurso de Jesus sobre o pão da vida que ajuda a entender todo o alcance da Eucaristia para a vida (Jo 6,26-66).

(2) Para dizer que a Eucaristia deve levar ao serviço, João descreve o lava-pés lá, onde os outros descrevem a Eucaristia (Jo 13,1-17).

(3) Na longa conversa de Jesus com os discípulos durante a Última Ceia (Jo 13,1-16,33), transparecem duas coisas: a intimidade amiga dos discípulos com Jesus e a profunda experiência de Deus revelada no amor de Jesus para com os seus.

(4) Jesus é condenado no dia da Páscoa (Jo 18,28) e morre na cruz "na sexta hora", isto é, no exato momento em que, lá no templo de Jerusalém, se sacrificavam os cordeiros para a Ceia Pascal (Jo 19,14). Não quebraram nenhum osso (Jo 19,33), nenhum osso do cordeiro pascal podia ser quebrado (Jo 19,36; Ex 12,46).

Assim, João sugere que Jesus é o novo cordeiro pascal. A verdadeira Páscoa, a Eucaristia real, estava acontecendo naquele momento em que Jesus entregava sua vida no altar da Cruz e ressuscitou para uma nova vida.

*A primeira Carta de Paulo aos Coríntios

Esse é o relato mais antigo que temos da instituição da Eucaristia. Paulo escreve na carta aos Coríntios: "[2]*De fato, eu recebi pessoalmente do Senhor aquilo que transmiti para vocês. Na noite em que foi entregue, o Senhor Jesus tomou o pão* [24]*e, depois de dar graças, o partiu e disse: 'Isto é o meu corpo que é para vocês; façam isto em memória de mim'.* [2]*Do mesmo modo, após a Ceia, tomou também o cálice, dizendo: 'Este cálice é a Nova Aliança no meu sangue; todas as vezes que vocês beberem dele, façam isso em memória de mim. [26]Portanto, todas as vezes que vocês comem deste pão e bebem deste cálice, estão anunciando a morte do Senhor, até que ele venha. [27]Por isso, todo aquele que comer do pão ou beber do cálice do Senhor indignamente, será réu do corpo e do sangue do Senhor'"* (1Cor 11,23-29). Ao criticar a maneira errada com que a comunidade de Corinto celebrava a Ceia do Senhor, o apóstolo Paulo insiste na fraternidade e na partilha (1Cor 11,17-34).

Em outro lugar da mesma carta, ele acentua a necessidade da purificação e da conversão: *"Purifiquem-se do velho fermento, para serem massa nova, já que vocês são sem fermento. De fato, Cristo, nossa páscoa, foi imolado. Portanto, celebremos a festa, não com o velho fermento, nem com fermento de malícia e perversidade, mas com pães sem fermento, isto é, na sinceridade e na verdade"* (1Cor 5,7-8).

4ª parte

Cinco Círculos Bíblicos Roteiros para encontro de Ministros da Comunhão

Durante estes cinco Círculos Bíblicos, vamos olhar de perto como foi aquela Última Ceia de Jesus com os apóstolos e provocar entre nós uma reflexão em torno dos cinco pontos que mais caracterizam o Sacramento da Eucaristia. Dizemos Última Ceia porque foi a última vez que Jesus sentou à mesa com seus discípulos. Pois, naquela mesma noite, ele foi preso e, no dia seguinte, foi condenado e morto na cruz. Foi durante aquele último encontro com seus discípulos que Jesus celebrou a *primeira* Eucaristia.

Foi um encontro alegre e triste, ao mesmo tempo. Judas já tinha decidido trair Jesus. Pedro ia negá-lo. Todos iriam abandonar Jesus na hora da prisão. Jesus sabia de tudo isso. Mesmo assim, não perdeu a calma nem a amizade. Pelo contrário! Foi durante essa Última Ceia que ele nos deu a suprema prova de seu amor (cf. Jo 13,1).

Foi um encontro importante para Jesus. Ele mesmo disse: *"Ardentemente desejei comer esta ceia pascal com vocês, antes de sofrer. Pois eu lhes digo: nunca mais a comerei, até que ela se realize no Reino de Deus"* (Lc 22,15-16). Ele o fez "uma vez por todas" (Hb 10,10). A missa não é uma repetição, mas é o mesmo encontro: o último de Jesus, o primeiro para nós. Todas as vezes que nós o celebramos, é sempre o mesmo encontro. Uma vez por todas! Quando nós celebramos a eucaristia é como se estivéssemos todos sentados, com os apóstolos, olhando para Jesus.

Vamos olhar de perto cinco pontos que caracterizam o último encontro de Jesus com seus discípulos e que caracterizam até hoje a celebração da eucaristia. Eis os cinco pontos:

1. Lavar os pés: servir.
2. Celebrar a libertação.
3. Perdoar e ser perdoado.
4. Manter viva a memória de Jesus.
5. Amar e ser amado, amor sem-fim.

No fim de cada Círculo, colocamos um Salmo que o povo rezava como Ação de Graça no fim das celebrações e das refeições. Eis os 5 salmos:

Salmo 15: “Senhor,
quem entrará no Santuário?”
Salmo 23: “O Senhor me prepara
uma mesa”.
Salmo 27: “Uma só coisa desejo
e peço ao Senhor”.
Salmo 34: “Provai e vede como
o Senhor é bom”.
Salmo 116: “Erguerei o cálice da salvação”.

1º círculo
Lavar os pés uns dos outros (João 13,4-5)

1. Acolhida e invocação da luz do Espírito Santo

2. Abrindo a porta para o assunto de nosso encontro

Quando alguém fala da Última Ceia, pensamos logo na instituição da Eucaristia, e com razão. Os três evangelhos de Mateus, Marcos e Lucas mencionam a instituição da Eucaristia como sendo o ponto central da Última Ceia. Mas o evangelho de João é diferente. João fala da Última

Ceia em cinco longos capítulos de seu evangelho (Jo 13 a 17) e fala de Jesus como Pão da Vida (Jo 35-58), mas ele não menciona a instituição da Eucaristia. Em vez disso, fala do Lava-pés. Por que será? Vamos ver se conseguimos descobrir por que João não fala da instituição da Eucaristia.

1. Qual é para você o aspecto mais importante da Eucaristia?

2. Por que João não menciona a instituição da Eucaristia?

3. A Luz que nos vem da Palavra de Deus (João 13,12-17)

1. Um canto para invocar a luz do Espírito Santo.

2. Vamos ouvir um trecho do evangelho de João que nos ajuda a entender por que ele não menciona a Instituição da Eucaristia.

3. Leitura lenta e atenta de João 13,12-17.

4. Momento de Silêncio.

   1. Qual a parte desse texto de que você mais gostou? Por quê?

   2. A partir desse texto, qual o objetivo principal da Eucaristia?

   3. Por que João não menciona a instituição da Eucaristia?

   4. Qual a mensagem que eu tiro para mim?

4. Transformar tudo em oração

1. Cada um faz um pedido a Deus. Todos respondem: *"Ó Senhor, escuta nossa prece!"*

2. Rezar um Pai-nosso e uma Ave-Maria.

3. Rezar juntos Salmo 15: "Senhor, quem entrará?"

5. Terminar com um canto

2º círculo
Celebrar a Páscoa (Lucas 22,19)

1. Acolhida e invocação da luz do Espírito Santo

2. Abrindo a porta para o assunto de nosso encontro

No tempo de Jesus, cada ano de novo, na festa da Páscoa, eles celebravam com gratidão a libertação da escravidão no Egito. Lembravam como Deus interveio e libertou seu povo. A palavra *Páscoa* significa passagem. Celebravam a *passagem* da opressão para a liberdade. Ao redor dessa memória do Êxodo cresceu a Bíblia. Por isso é tão importante lembrar sempre que Jesus instituiu a Eucaristia durante a Ceia Pascal. Pois a Páscoa, isto é, a passagem da opressão para a liberdade, não termina nunca. Dura a vida inteira. É o sentido de nossa vida e de toda a história. A celebração da eucaristia anima esta nossa caminhada rumo à vida plena junto de Deus e dos irmãos e das irmãs.

1. Você se preocupa em guardar a memória de sua vida, de sua família e comunidade?

2. Como a memória do Êxodo está presente na celebração da eucaristia?

3. A Luz que nos vem da Palavra de Deus (1Cor 11,23-26)

1. Um canto para invocar a luz do Espírito Santo.

2. Em sua carta para a comunidade de Corinto, Paulo ensina que celebrando a Eucaristia participamos da Páscoa de Jesus, de sua morte e ressurreição que atravessa a história "até que ele venha".

3. Leitura lenta e atenta de 1Cor 11,23-26.

4. Momento de Silêncio.

   1. Qual a parte de que você mais gostou? Por quê?
   2. Qual a importância da Memória de Jesus para nós?
   3. Como e o que fazer para não perder a memória de Jesus?
   4. Qual a mensagem que levo desse texto para minha vida?

4. Transformar tudo em oração

1. Cada um faz um pedido a Deus. Todos respondem: *"Ó Senhor, escuta nossa prece!"*

2. Rezar um Pai-nosso e uma Ave-Maria

3. Rezar juntos o Salmo 23: "O Senhor me prepara uma mesa".

5. Terminar com um canto

3º círculo
O perdão dos pecados
(Mateus 26,20-28)

1. Acolhida e invocação da luz do Espírito Santo

2. Abrindo a porta para o assunto de nosso encontro

Pedro perguntou: "Jesus, quantas vezes devo perdoar? Sete vezes?" Jesus respondeu: "Não sete vezes, mas setenta vezes sete!" Perdoar sempre não é fácil. Até hoje, todas as vezes que participamos da Missa, o Padre mostra a hóstia e diz: *"Eis o Cordeiro de Deus, eis aquele que tira o pecado do mundo"*. No Pai-nosso, rezamos: "Perdoai as nossas ofensas assim como nós perdoamos a quem nos tem ofendido" (Mt 6,9-13). E Jesus insiste no perdão: "Se seu irmão pecar contra você sete vezes em um só dia, e sete vezes vier a você, dizendo: 'Estou arrependido', você deve perdoá-lo" (Lc 17,4). E na instituição da Eucaristia Jesus diz que seu sangue será *"derramado em favor de muitos para o perdão dos pecados"* (Mt 26,28).

1. Você consegue perdoar com facilidade?

2. Já teve oportunidade de poder perdoar uma grave ofensa feita a você?

3. A Luz que nos vem da Palavra de Deus: (Lucas 23,32-42)

1. Um canto para invocar a luz do Espírito Santo.

2. No evangelho de Lucas, Jesus pede ao Pai o perdão para o soldado que o estava matando na Cruz: "Pai, perdoa, eles não sabem o que estão fazendo" (Lc 23,34). É por intermédio de Jesus que Deus Pai nos oferece o perdão dos pecados.

3. Leitura lenta e calma de Lucas 23,32-42.

4. Momento de Silêncio.

   1. Qual a parte de que você mais gostou? Por quê?

2. Onde e como transparece o perdão nesse texto?
3. A partir desse texto, qual o objetivo da Eucaristia?

4. Transformar tudo em oração

1. Cada um faz um pedido a Deus. Todos respondem: "Ó Senhor, *escuta nossa prece!*"

2. Rezar um Pai-nosso e uma Ave-Maria

3. Rezar juntos o Salmo 27: "Uma só coisa desejo e peço ao Senhor".

5. Terminar com um canto

4º círculo
Fazei isto em memória de mim
(Lucas 22,19)

1. Acolhida e invocação da luz do Espírito Santo

2. Abrindo a porta para o assunto de nosso encontro

Durante a última Ceia, quando Jesus transformou o pão em seu corpo e o vinho em seu sangue, ele disse: "Fazei isto em memória de mim". A celebração da eucaristia é para manter viva em nós a memória de Jesus. Pois, quem perde a memória perde sua identidade, e já não sabe de onde veio nem para onde vai. Jesus quer ficar bem vivo em cada um de nós. É para que aconteça em nós aquilo que o apóstolo Paulo escreve aos coríntios: *"Eu vivo, mas já não sou eu que vivo, pois é Cristo que vive em mim"* (Gl 2,20). E escreve aos Filipenses: *"Tenham em vocês os mesmos sentimentos que havia em Jesus Cristo"* (Fl 2,5). Assim seremos capazes de irradiar a Boa-Nova de Deus que Jesus nos trouxe.

1. Qual a imagem de Jesus que carrego em mim?
2. Essa memória ou lembrança de Jesus me ajuda de vez em quando?

3. A Luz que nos vem da Palavra de Deus (1Cor 11,23-26)

1. Um canto para invocar a luz do Espírito Santo.
2. Leitura da primeira carta de Paulo aos Coríntios: Paulo descreve como ele recebeu dos outros a narração da instituição da Eucaristia.
3. Leitura lenta e atenta de 1Cor 11,23-26.
4. Momento de Silêncio.
    1. Qual a parte de que você mais gostou? Por quê?

2. Por que, para que e como devemos conservar em nós a memória de Jesus?

3. Qual a mensagem que levo para minha vida, para a família?

4. Transformar tudo em oração

1. Cada um faz um pedido a Deus. Todos respondem: *"Ó Senhor, escuta nossa prece!"*

2. Rezar um Pai-nosso e uma Ave-Maria

3. Rezar juntos o Salmo 34: "Provai e vede como o Senhor é bom".

5. Terminar com um canto

5º círculo
Deu-lhes a extrema prova de seu amor (João 13,1)

1. Acolhida e invocação da luz do Espírito Santo

2. Abrindo a porta para o assunto do nosso encontro

Durante a última Ceia, conversando pela última vez com seus discípulos, Jesus disse: "Eu vos dou um mandamento novo: que vos ameis uns aos outros. Como eu vos amei, assim também vós deveis amar-vos uns aos outros" (Jo 13,34). O mandamento do amor ao próximo já vem do AT. Diz o livro do Levítico "Ame seu próximo como a si mesmo" (Lv 19,18). Em que consiste a novidade de Jesus? A novidade consiste em amar como Jesus nos amou: "Como eu vos amei!" Ele amou a todos, até os samaritanos (Lc 10,30-37), e não só aos da própria raça. O Deuteronômio permitia explorar os estrangeiros (cf. Dt 15,3). E Jesus os amou até a doação de si mesmo: "Este é meu mandamento: que vos ameis uns aos outros como eu vos amei. Ninguém tem maior do que aquele que dá a própria vida por seus amigos" (Jo 15,12-13).

1. Como eu pratico esse mandamento?
2. Por que é novo?

3. A Luz que nos vem da Palavra de Deus (1Cor 11,23-26)

1. Um canto para invocar a luz do Espírito Santo.
2. Leitura do evangelho de João.

3. Leitura lenta e calma de João 15,12-17.

4. Momento de Silêncio.

1. Qual a parte de que você mais gostou? Por quê?

2. Em que consiste a novidade, diferente do AT?

3. Qual a mensagem que levo para minha vida, para a família?

4. Transformar tudo em oração

1. Cada um faz um pedido a Deus. Todos respondem: *"Ó Senhor, escuta nossa prece!"*

2. Rezar um Pai-nosso e uma Ave-Maria

3. Rezar juntos o Salmo 116: "Erguerei o cálice da salvação".

5. Terminar com um canto

Encerrando nossa reflexão

Chegando ao fim desta reflexão sobre a Eucaristia, podemos perceber que, ao longo dos últimos 50 anos, ocorreram várias mudanças na maneira de celebrarmos a Eucaristia, sobretudo depois que a Missa começou a ser celebrada em português. Muita coisa mudou de lá para cá. Cresceu a participação dos fiéis. Já não existe mais a missa celebrada sozinho pelo padre de costas para o povo. Os fiéis agora *participam,* e não mais *assistem* à Missa.

Cresceu também a consciência de que se trata de uma *Refeição*, durante a qual colocamos presente o gesto da entrega que Jesus fez de si mesmo durante a Última *Ceia*, dizendo: *"Isto é o meu corpo entregue por vós. Isto é o cálice do meu sangue derramado por vós e por todos, para remissão dos pecados".* Durante a celebração, todos nós procuramos participar com Jesus na entrega de nossa vida ao Pai e aos irmãos.

Como os apóstolos na última Ceia, também nós, agora, recebemos o pão consagrado na mão, e não mais na boca, como era antigamente. O celebrante principal já não é só o sacerdote, mas é toda a assembleia, cada qual com sua função. A celebração da Eucaristia é uma expressão da fé que nos une como comunidade ao redor de Jesus, diante do Pai. Agora, todos podemos participar, ativamente, até na própria Oração Eucarística, nem que seja só para dizer: *"Caminhamos na estrada de Jesus"*.

No fim destas reflexões, é bom cada um, cada uma, perguntar-se: Como eu, em minha vida, vivo e celebro o sacramento da Eucaristia? Você se lembra do dia de sua "primeira comunhão"? Naquela ocasião, o que se passava em seu coração? Consegue lembrar? Mudou alguma coisa? O que mais ajudou você a entender melhor o significado e a importância da Eucaristia para sua vida? Anos atrás, nem havia ministros da Eucaristia. Hoje em dia, quando falta o padre, o ministro ou a ministra preside a celebração. Assim as coisas vão mudando, e mudando para melhor. Graças a Deus!

Quando ouve a palavra *ministro* ou *ministra*, você pensa em quê? Nos ministros do governo? Não! A palavra *ministro* vem de ministrar. Jesus nos diz: *"Depois de ter feito tudo que você tinha de fazer, você deve dizer: 'Somos servos inúteis!'"* (Lc 17,10). Entre nós, ser "ministro" não é função de mando. A palavra ***ministro*** significa: servidor, empregado, ajudante, assistente, servente, servo. Maria, a mãe de Jesus, dizia: *"Eis aqui a Serva do Senhor!"* (Lc 1,38). Jesus dizia: *"O Filho do homem não veio para ser servido, mas para servir e dar a vida em resgate para muitos"* (Mc 10,45). E o para-choque do caminhão repete e complementa: *"Quem não vive para servir, não serve para viver".*

Resumo final

Eucaristia:
lavar os pés,
celebrar a libertação,
perdoar e ser perdoado,
manter viva e memória de Jesus,
amar e ser amado,
amor sem-fim.
Eucaristia

Salmo 138
Ação de Graças

Eu te celebro, YAHWEH, de todo o coração,
pois ouviste as palavras de minha boca.
Na presença dos anjos eu canto a ti,

e me prostro voltado para teu sagrado templo.
Celebro teu nome, por teu amor e tua verdade,
pois tua promessa supera tua fama.

Quando eu gritei, tu me ouviste
e aumentaste a força dentro de mim.

Todos os reis da terra te celebrem, YAHWEH,
pois eles ouvem as promessas de tua boca;

e cantem os caminhos de YAHWEH:
“Grande é a glória de YAHWEH!

YAHWEH é excelso! Ele vê o humilde,
e conhece o soberbo de longe”.

Se eu caminho no meio da angústia,
tu me conservas a vida;
contra a ira de meu inimigo estendes o braço,
e tua direita me salva.

YAHWEH fará tudo por mim:
YAHWEH, teu amor é para sempre!
Não abandones a obra de tuas mãos!